DIE SIRTFOOD DIÄT

Gesünder leben und effektiv abnehmen mit dem Schutzenzym Sirtuin

Die kulinarischen Gaumenfreunde

1. Auflage

2019

Inhaltsverzeichnis

Vorwort

Liebe Leserin, lieber Leser!

Zu allererst sei gesagt: Dies ist kein normales Rezeptbuch wie du es normalerweise kennst. Dieser Ratgeber ist in zwei wichtige Sektionen eingeteilt.

Die erste Sektion ist theoretischer und beschäftigt sich mit der Frage, was eine Sirtuin Diät überhaupt ist. In diesem Kapitel bekommst du viele Hintergrundinformationen und erfährst, was hinter dieser Trend-Diät steckt. Dann ist der informative Teil, aber noch nicht fertig. Ganz im Gegenteil!

Im nächsten Kapitel gehen wir nämlich näher darauf ein, wie diese Diät wirklich funktioniert. Nur mit diesem Wissen kannst du die Diät auch später für dich erfolgreich umsetzen. Das ist immerhin das eigentliche Ziel. Zum Ende der ersten Sektion werden wir dir noch ein paar nützliche Tipps mit auf den Weg geben, die dir dabei weiterhelfen werden, die Sirtuin-Diät erfolgreich in die Tat umzusetzen. Somit kannst du sofort damit beginnen und sie in deinen Alltag integrieren.

Sobald dieser etwas theoretische Teil abgeschlossen ist, machen wir auch schon weiter mit den Rezepten. Bei dem Rezeptteil haben wir dir eine große Auswahl an verschiedenen Rezepten aus aller Welt zusammengestellt. Hier ist für jeden etwas dabei. Egal ob Vegetarier, Veganer oder Fleischesser. Du kannst dir sicher sein, dass du auch etwas Passendes finden wirst. Diese Rezepte sollen dir als Leitfaden dienen. Den Ernährungsplan kannst du dann nach Belieben zusammenstellen.

Wichtig ist, dass du zuerst die wirklich wichtigen Grundlagen verstehst. Diese werden dir am Anfang beigebracht. Wenn du, jedoch auf der Suche nach einer Patentlösung bist, dann wirst du mit diesem Buch nicht weiterkommen. Ernährung ist immer eine langfristige Sache und hat somit auch langfristige Ziele. Danach werden wir uns auch in diesem Buch richten. Wenn du aber deine Ernährung auf langfristige Sicht um 180 Grad umsetzen willst, wirst du mit diesem Buch sehr weit kommen. Hierbei spielt es keine Rolle wie viel Vorwissen du bereits hast. Wichtig ist nur, dass du Ausdauer und Motivation dazu mitbringst.

Wir werden dir die notwendigen Werkzeuge in diesem Buch mitgeben und dich zu Beginn auch tatkräftig unterstützen. Den Weg musst du am Ende aber selbst gehen, kannst dich aber natürlich jederzeit bei Fragen an uns werden. Das ist der einzige erfolgreiche Weg zum Traumkörper. Dieser Weg ist weder unmöglich noch Wunschdenken. Man muss lediglich dazu bereit sein, die notwendigen Schritte zu gehen und somit mehr zu erreichen. Um möglichst viel mitzunehmen, empfehlen wir für die ersten 3 Kapitel eine ruhige und ungestörte Ecke zum Lesen zu suchen. Bei den Rezepten kannst du dann wieder richtig anpacken. Dabei wünschen wir dir natürlich viel Spaß und Erfolg!

Wer sind wir?

Die kulinarischen Gaumenfreunde – DIE Spezialisten für die besten Rezepte!

Wir – die kulinarischen Gaumenfreunde – sind ein Team aus fünf kochbegeisterten jungen Menschen. Unter uns sind nicht nur speziell ausgebildete Ernährungsberater, Fitnesstrainer und Chefköche, sondern auch langjährige Vegetarier, Veganer und Restaurantinhaber mit mehrjähriger Berufserfahrung. Zusammen möchten wir unsere Freude, die uns sowohl das Kochen als auch das Verspeisen bereitet, an unsere Leser weitergeben und sie mit unseren köstlichen Rezepten verzaubern!

Durch unsere Publikationen verhelfen wir dir zu einer ausgewogenen und bewussten Ernährung. Gleichzeitig erleichtern wir dir aber auch deinen Alltag und entführen dich und deine Familie in eine Welt voll von kulinarischen Gaumenfreuden!

Jedoch haben wir es uns nicht nur zur Aufgabe gemacht, unseren Lesern anhand diverser Kochbücher die Freude am Kochen zu vermitteln, sondern stehen wir auch als erfahrene Ansprechpartner zur Verfügung. Du kannst jederzeit mit uns in Kontakt treten und so ebenfalls ein Teil der kulinarischen Gaumenfreunde werden!

Exzellente Rezepte für jeden Geschmack warten auf dich. Starte gemeinsam mit uns in eine Welt voller kulinarischer Gaumenfreuden!

Aber nun genug der Worte! Du willst ja schließlich wissen, was Sirtfood überhaupt ist und was es so besonders macht.

Die Sirtuin Diät

Was hinter der Trend-Diät steckt

Vielleicht hast du auch schon mal etwas von diesem Diät-Trend gehört. Die Sirtuin Diät ist momentan in aller Munde. Doch was steckt hinter diesem Trend und welche Resultate lassen sich mit dem Stoffwechsel-Booster wirklich erreichen? Eine gute Nachricht kommt direkt zu Beginn: Bei der Sirtuin Diät kommt es nicht darauf an, Kalorien zu zählen. Damit haben immer noch sehr viele Anfänger Schwierigkeiten am Beginn ihrer Diät. Bei der Sirtuin Diät soll man möglichst eine bestimmte Auswahl an Lebensmittel zu sich nehmen, die dann gewisse Enzyme im Körper aktivieren. Diese Lebensmittel werden wir später genau für dich auflisten. Zudem bekommst du auch noch viele leckere Sirtuin-Rezepte. Diese Rezepte vereinfachen die Diät noch mehr für dich!

Um diese Diät besser zu verstehen, müssen wir herausfinden, was Sirtuine überhaupt sind und welche Funktion sie erfüllen. Sirtuin wird als nichts anderes als ein bestimmtes Protein beschrieben. Man könnte es auch als Eiweißbaustein bezeichnen. Das Eiweiß kann sowohl beim Fettabbau als auch beim Muskelaufbau helfen. Es werden also gleich zwei Fliegen mit einer Klatsche geschlagen! Sirtuine sorgen für einen beschleunigten Stoffwechsel, der dann das Abnehmen unterstützt. Der große positive Effekt ist, dass du nicht nur abnimmst. Deine Fitness und Gesundheit verbessern sich zudem auch noch! Bei der Diät stehen einem eine Anzahl von pflanzlichen Lebensmittel zur Verfügung, die einem beim Abnehmen helfen sollen. Sie aktivieren die Sirtuine im Körper, die daraufhin das Abnehmen begünstigen. Die Wirkung von Sirtfood lässt sich hauptsächlich auf Pflanzenstoffe zurückführen. Zumindest ist dies die erste Quelle.

Ernährungsmediziner Bernd Kleine-Gunk betrachtet die Sirtuin-Ernährung als mehr, als nur eine Diät. Für ihn ist eine langfristige Ernährung nach diesem Modell möglich. Der gesundheitliche Effekt bleibt auch lange behalten, wenn man die Sirtuin-Diät richtig in die Tat umsetzt. Auch wenn es am Anfang den Anschein hatte, ist die Diät keine vegetarische Ernährung. Im Vergleich zu anderen Diäten und Ernährungsformen hat die Sirtuin-Diät auch nicht so viele Einschränkungen. Für viele Einsteiger ist die Sirtuin-Diät genau aus dem Grund das Richtige.

Schon nach kurzer Zeit kann man mit der Sirtuin-Diät einige Pfunde verlieren. Man sollte jedoch keine allzu großen Ergebnisse erwarten. Die Sirtuin-Diät richtet sich primär an Menschen, die ein paar Pfunde verlieren wollen und dazu auch noch ihre Fitness steigern wollen. Wer lieber eine Wandlung um 180 Grad machen will, sollte sich professionelle Hilfe bei einem Ernährungsberater suchen. Das Ziel richtet sich vor allem daran, den Stoffwechsel anzukurbeln. Auf diese Weise möchte man den Abnehmprozess verschnellern.

Die Sirtuin-Diät zielt nicht darauf ab, wie eine Crash-Diät zu funktionieren. Diese Diäten mögen zwar auf den ersten Blick wirksam sein. Langfristig führen sie aber genau zu dem Gegenteil, was man sich eigentlich erwünscht hat. Die Sirtuin-Diät ist genau nach dem gegenteiligen Prinzip aufgebaut. Man will mit den richtigen Lebensmitteln auf langfristige und nachhaltige Weise abnehmen. Auf diese Weise verhindert man auch negative Folgen wie etwa den Jojo-Effekt. Der Vorteil beim Fettabbau dieser Diät ist, dass die Muskelmasse beibehalten wird.

Mit der richtigen Umsetzung der Sirtuin-Diät ist ein Gewichtsverlust von 3 kg innerhalb einer Woche möglich. Bei einigen Menschen können es auch 1 oder 2 Kilo in der Woche sein. Die genaue Anzahl ist meist von dem eigenen Stoffwechsel abhängig. Wenn der eigene Stoffwechsel noch nicht so gut funktioniert, dann wird man logischerweise auch nicht so viel Kilo in einer Woche verbrennen können. Sirtuine können zudem noch viel mehr, als beim Fettabbau und Muskelaufbau zu helfen. Sie haben einen heilenden und gesundheitlichen Effekt! Sirtuine unterstützen aktiv unser Immunsystem und können unseren Körper auch vor Entzündungen und Krankheiten schützen. Gegen Stress werden Sirtuine auch immer erfolgreicher eingesetzt.

Besonders effektiv sind Sirtuine gegen Heißhunger. Der Alterungsprozess kann zudem auf nachhaltige Weise verlängert werden. Die Vorteile gehen also weit über den eigenen Körper hinaus. Es sprechen viele Gründe dafür, mit dieser Diät zu beginnen. Es gibt noch einen sehr großen Vorteil: Die meisten Lebensmittel, die man zu sich nimmt, besitzen sehr viele Mineralien und Vitamine. Diese unterstützen natürlich nicht nur das Immunsystem. Über den Tag fühlt man sich auch automatisch energetischer und hat mehr Energie zum Arbeiten.

Wie die Sirtuin-Diät wirklich funktioniert

Im ersten Kapitel wurde schon darüber gesprochen, was Sirtuin eigentlich bedeutet und welche Funktion dieses Enzym besitzt. Nun wollen wir genauer darauf eingehen, wie die Sirtuin-Diät funktioniert. Das ist die Frage, die wahrscheinlich auch die meisten zugleich interessiert.

Einteilen lässt sich die Sirtuin-Diät in drei Phasen. Der Körper wird bei der ersten Phase entlastet. Die erste Phase könnte theoretisch auch als Fastenphase bezeichnet werden. In der zweiten Phase fangen die Pfunde schon an zu purzeln. Das Wunschgewicht wird dann in der dritten Phase gehalten.

Die 3 Phasen im Überblick

Phase Nr. 1:

In der ersten Phase wird die Kalorienzufuhr auf 1000 kcal täglich beschränkt. Decken kann man diese Kalorien ganz einfach durch grüne Säfte und eine Hauptmahlzeit. Im Rezeptteil wirst du für deine 1000 kcal in der ersten Phase auch noch ausreichend Inspiration finden. Der Körper wird auf diese Weise schon einmal trainiert. Er kann sich in den späteren Phasen besser auf das Abnehmen einstellen und die Erfolge werden auch größer sein. In der ersten Phase ist es gut möglich, dass man eventuell noch mit einem Hungergefühl zu kämpfen hat. Dagegen kann man am besten mit der richtigen Ablenkung vorgehen. Vielleicht kennst du ein gutes Buch, was du schon länger lesen wolltest. Eine gute Serie kann auch schon den Unterschied machen.

Sport ist in der ersten Phase grundsätzlich nicht verboten. Du solltest es aber nicht übertreiben! Bitte denk daran, dass du in dieser Phase lediglich 1000 kcal am Tag zu dir nimmst. Die braucht dein Körper auch. Gegen einen kleinen Spaziergang ist aber nichts einzuwenden.

Phase Nr. 2:

Sobald du die erste schwierige Phase geschafft hast, geht es schon mit Phase 2 weiter. In der zweiten Phase wird die Kalorienzufuhr auf 1500 kcal erhöht. Als Beispiel sind 2 grüne Säfte und 2 Hauptmahlzeiten erlaubt. Mehr als genug Inspiration dafür findest du ebenfalls in unserem Rezept-Teil. In der zweiten Phase fangen auch schon die Pfunde an zu purzeln. Da du deinen Körper richtig auf das Abnehmen vorbereitet hast, kannst du nun von der Gewichtsabnahme profitieren.

Phase Nr. 3:

Herzlichen Glückwunsch! Du hast es schon bis zur dritten und letzten Phase geschafft. In der dritten Phase ist eigentlich alles an Sirt-Foods erlaubt. Du solltest in der dritten Phase etwa 1800 kcal pro Tag zu dir nehmen. In der dritten Phase geht es hauptsächlich darum, dein neues Traumgewicht zu halten. In der letzten wichtigen Phase gibt es dann auch schon wieder drei Hauptmahlzeiten am Tag!

Die richtigen Lebensmittel

Eine der wichtigsten Regeln ist, dass du dich während aller Phasen an sirtuinreiche Lebensmittel hältst. Du solltest deinen Tag also nicht mit Pancakes und einer Tüte Chips zu Ende bringen. Was du zu dir nimmst, ist bei dieser Diät sehr wichtig. Heute gibt es sehr viele sirtuinreiche Lebensmittel. Für dich haben wir die wichtigsten Lebensmittel in den folgenden Abschnitten aufgelistet. Diese Lebensmittel werden dir dabei weiterhelfen, den Stoffwechsel tagtäglich anzukurbeln und schon nach kurzer Zeit dein Traumgewicht zu erreichen.

Rote Zwiebeln:

Rote Zwiebeln kann man im Grunde zu jeder Mahlzeit hinzufügen. Und das Beste: Sie sind voller Sirtuine! Ein gewisser Schärfegrad kommt noch dazu, der unseren Mahlzeiten das gewisse Etwas gibt. Die notwendigen Hormone werden durch das Aminosäure Taurin ausgeschüttet, was sich in roten Zwiebeln wieder findet. Diese Hormone helfen nachweislich beim Fettabbau. Rote Zwiebeln kann man sehr kostengünstig im Supermarkt erwerben. Einfach klein schneiden, andünsten und zu jeder Mahlzeit hinzugeben.

Rotwein:

Die Sirtuin-Diät ist einer der wenigen Diäten, wo man nicht komplett auf Alkohol verzichten muss. Rotwein ist sogar nachweislich förderlich, um die Sirtuin-Enzyme im Körper zu aktivieren. Mit dem Rotwein sollte man es trotzdem nicht übertreiben, da Alkohol immer noch sehr viele Kalorien beinhaltet. Ein Glas am Abend ist vollkommen ausreichend und schmackhaft zugleich!

Erdbeeren:

Zu Erdbeeren kann man während der Sirtuin-Diät auch ruhig greifen. Gerade während der Erdbeersaison schmecken diese Früchte besonders gut! Dazu sind Erdbeeren reich an Ballaststoffen, die dich lange satt halten und auch Heißhunger verhindern. Sie eignen sich nicht nur als Snack. In unserem Rezept-Teil werden wir dir tolle Frühstücksideen mit Erdbeeren vorstellen. Darauf darfst du schon gespannt sein!

Rucola:

Auch mit Rucola lässt sich eine Menge anstellen. Und das Beste: Das Gemüse ist reich an Sirtuin! In grünen Smoothies wird Rucola auch sehr oft verwendet und lässt sich fantastisch kombinieren. Ein wenig Matcha-Pulver dazu und fertig ist dein Power-Boost für den Tag.

Grüner Tee:

Vielen Deutschen fällt es schwer, ausreichend Flüssigkeit am Tag zu sich zu nehmen. Für einen funktionierenden Stoffwechsel ist dies aber sehr wichtig. Eine gute Alternative zu Mineralwasser ist grüner Tee! Der Stoffwechsel kommt mit grünem Tee so richtig auf Hochtouren und kann dadurch die Fettverbrennung noch einfacher auf Vordermann bringen. Als Wachmacher ist grüner Tee am Morgen auch sehr gut geeignet. Natürlich ungesüßt!

Kaffee:

Liebst du Kaffee? Dann hast du dir genau die richtige Diät ausgesucht! Kaffee funktioniert in dieser Diät ungefähr genauso wie grüner Tee. Übertreiben solltest du es dennoch nicht. Kaffee hat einen sehr hohen Koffeinanteil und kann in größeren Mengen auch abhängig machen. Also in Maßen genießen.

Dunkle Schokolade:

Dunkle Schokolade ist nicht nur der richtige Snack für zwischendurch, sondern zudem auch noch ein wahrer Schlankmacher! Deine dunkle Schokolade sollte mindestens einen Gehalt von 85% haben. So kann sich das Sirtuin-Enzym erst richtig in deinem Körper entfalten.

Walnüsse:

Walnüsse sind nicht nur eine sehr gute Vitamin B6 Quelle, sondern stecken auch voller Sirtuin. Zudem verbessern Walnüsse auch noch die Konzentration. Also der perfekte Snack beim Lernen!

Olivenöl:

Vor Olivenöl wurde auf Grund des hohen Fettgehalts lange gewarnt. Heute ist aber nachweislich bekannt, dass Olivenöl beim Abnehmen helfen kann. Olivenöl besitzt sehr viele wichtige ungesättigte Fettsäuren. Der hohe Gehalt an Phenolen im Öl kurbelt zudem auch noch die Fettverbrennung an. Olivenöl kann man mittlerweile überall in der Küche zum Einsatz bringen. Egal ob in Salaten oder beim Braten. Wir werden dir dafür im Anschluss noch die richtige Inspiration geben.

Chili:

Chili ist nicht nur ein tolles Gewürz in der Küche, sondern ein wahrer Schlankmacher. Natürlich sollte man für so eine Schärfe gemacht sein. Durch Chili wird die Wärmeproduktion im Körper um etwa 25 Prozent erhöht. Dann fängt der Körper auch an zu Schwitzen und verbringt eine Menge Energie. Hinzufügen lässt sich Chili mittlerweile in allen Mahlzeiten. Besonders effektiv ist es, wenn man eine Chili-Mahlzeit vor dem Schlafen gehen zu sich nimmt.

Knoblauch:

Auch Knoblauch gehört zu den Lebensmitteln, die man ohne schlechtes Gewissen in seine Ernährung einbauen kann. Knoblauch hat nicht nur eine antibakterielle Wirkung, sondern ist zudem auch noch sehr reich an Sirtuin.

Äpfel:

Äpfel sind nicht nur als gesunder Snack für die Schule bekannt, sondern können auch in die Sirtuin-Diät eingebaut werden. Nicht nur der Stoffwechsel, sondern auch der Kreisauf und das Herz werden positiv beeinflusst. Zudem wird das Immunsystem mit reichlich Vitaminen versorgt.

Erdnüsse:

Erdnüsse sind nicht nur ein klasse Snack für Zwischendurch oder beim Fernsehen. Dank dem Piceatannol, was in den Erdnüssen enthalten ist, wird die Entwicklung der Fettzellen gestoppt. Man sollte, jedoch bevorzugt ungesalzene Erdnüsse zu sich nehmen, da sie für die eigene Gesundheit förderlicher sind.

Grünes Gemüse:

Eine gute Faustregel, die du dir merken kannst, ist, dass bei der Sirtuin-Diät alles erlaubt ist, was grün ist. Dazu gehört vor allem grünes Gemüse. Dieses gibt es in verschiedenen Formen und Ausführungen. Passende Rezepte dazu wirst du in den nächsten Kapiteln finden.

Sojabohnen:

Sojabohnen sind nicht nur die Liebhaber von Veganern und Vegetariern, sondern helfen auch nachweislich beim Abnehmen. Zudem wirkt sich das Isoflavone, was sich in Sojabohnen wiederfindet, positiv auf Blutdruck, Blutfette wie auch Blutzucker aus.

Weintrauben:

Lust auf einen Snack für Zwischendurch? Dann schnapp dir einfach ein paar Weintrauben. Weintrauben schmecken nicht nur fantastisch süß, sondern sind auch noch sehr reich an Sirtuin. Zudem besitzen Weintrauben auch Resveratrol, was vor Diabetes schützt.

Brokkoli:

Brokkoli ist ebenfalls ein sehr gutes Gemüse, was sich zum Kochen eignet. Vor allem zu Mittagsgerichten und zum Abend lässt es sich sehr einfach zubereiten und ist zudem reich an Sirtuin. Der Stoff Quercetin, der in Brokkoli enthalten ist, hilft zusätzlich auch noch,

Arteriosklerose vorzubeugen und hat eine positive Wirkung auf die Nerven. Es gibt mehrere Studien, die nachweislich bestätigen konnten, dass Brokkoli eine positive Wirkung bei Stress haben kann. Also einfach öfter zu dem greifen, was grün ist.

Süßholzwurzel:

Mit Süßholzwurzel lässt sich auch sehr guter und gesunder Tee herstellen. Süßholzwurzel ist nicht nur reich an Sirtuin, sondern schützt zudem auch die Darmgesundheit. Man kann also auch ruhig mal zu Lebensmitteln greifen, auf die man zuvor gar nicht gekommen wäre.

Orangen und Zitronen:

Orangen als auch Zitronen sind während der Sirtuin-Diät herzlich Willkommen. Neben dem Sirtuin-Effekt helfen Zitrusfrüchte auch noch bei der Durchblutung des Gehirns. Besser geht es nicht! Wer zudem Schwierigkeiten damit hat, täglich ausreichend Wasser zu sich zu nehmen, kann einfach ein wenig Zitrone oder eine Orangenscheiben hinzugeben. Auf diese Weise fügt man das gewisse Etwas hinzu und macht das Wasser zudem auch noch schmackhafter.

Auberginen:

Mit Auberginen kann man sehr viele leckere Rezepte zaubern. Sie sind nicht nur reich an Sirtuin, sondern auch an dem dunklen Farbstoff Anthocyan. Dieser schützt unsere Gene und Zellen vor dem Aussterben. Anthocyan besitzt zudem auch noch eine krebshemmende Wirkung.

Beachtenswertes bei der Umsetzung der Sirtuin Diät

Du weißt mittlerweile schon, was eine Sirtuin-Diät ist. Du kennst nicht nur die Bedeutung, sondern weißt auch was dahintersteckt und wie man das beste damit erreichen kann. Nun wollen wir konkreter in die Umsetzung einsteigen. Allgemein bei Diäten herrscht eine gewisse Skepsis vor. Dagegen wollen wir vorgehen, indem wir dir die besten Strategien vorstellen, mit denen du eine Sirtuin-Diät umsetzen kannst. Die folgenden Tipps und Tricks sollten also mit sehr viel Bedacht gelesen werden.

Tipp Nr.1 - Geh es langsam an:

Wir neigen dazu, uns ständig zu übernehmen. Beim Abnehmen spiegelt sich diese negative Eigenschaft besonders gut wider. Wir setzen uns ein zu hohes Ziel, können es deswegen nicht erreichen und verzweifeln im Nachhinein. Extrem ausgedrückt könnte man sagen, dass man sich das eigene Grab schaufelt.

Wenn die Sirtuin-Diät die erste Diät ist, die du umsetzt, dann geh es langsam an! Mit der Sirtuin-Diät kann man bis zu 3 kg in einer Woche verlieren. Wenn es mal ein bisschen weniger sind, dann geht die Welt keinesfalls unter. Dein Körper ist gerade in der Anpassungsphase. Diese Zeit solltest du deinem Körper geben. Ansonsten kann dieser mit Heißhungerattacken und dem Jojo-Effekt überreagieren. Und sind wir mal ehrlich: Wer will am Ende mehr Gewicht auf die Waage bringen, als er es zu Beginn hatte?

Tipp Nr.2 - Trinke ausreichend Wasser:

Ausreichend Flüssigkeit zu sich zu nehmen, ist einer der wichtigsten Grundsteine für einen gut funktionierenden Stoffwechsel. Im Alltag verlieren wir durch das Schwitzen Unmengen an Wasser. Auch wenn wir es bewusst gar nicht wahrnehmen. Unser Körper selbst besteht zur Hälfte nur aus Flüssigkeit und braucht deswegen auch so viel davon! 2 Liter Wasser sollten wir täglich mindestens zu uns. Wenn es dir schwer fällt, 2 Liter Wasser am Tag zu trinken, kannst du ein paar Orangen- oder Zitronenscheiben hinzufügen. Ungesüßter Tee zwischendurch ist auch erlaubt. Softdrinks wie jede andere Art von gesüßten Getränken sind jedoch verboten. Wenn du es dir zur Gewohnheit machen willst, Wasser zu trinken, kannst du dir ein Glas direkt neben das Bett stellen. Greife also direkt nach dem Aufstehen zu dem Glas und versorge deinen Körper mit dem Wichtigsten.

Tipp Nr.3 - Beschäftige dich:

Die eigene Ernährung ist wichtig, aber nicht alles. Das wirst du in der ersten Phase mit täglich nur 1000 kcal sehr schnell bemerken.

Einsteiger stellen sich häufig die Frage, was sie gegen das Hungergefühl machen können. Die Antwort darauf ist: Richtig ablenken! Bereits ein kurzer Spaziergang ist dabei oftmals komplett ausreichend. So drehen sich deine Gedanken nicht mehr jede Minute ums Essen und du wirst den Hunger auch immer weniger verspüren.

Tipp Nr.4 - Bewege dich:

Ausreichend Bewegung ist genauso wichtig wie eine stabile und gesunde Ernährung. In der ersten Phase muss es nicht zwingend intensiver Kraftsport oder ein Marathon sein. Dafür hat man in dieser Zeitspanne auch nicht die Energie. Ein Spaziergang oder Yoga kann schon den gewissen Unterschied machen.

Entscheidend ist, dass du in Bewegung kommst. Vielleicht gibt es auch eine Sportart, die du besonders gerne machst. Dann geh genau dieser nach!

Tipp Nr.5 - Dokumentiere deinen Erfolg:

Im Alltag vergessen wir viel zu oft, was wir schon geleistet haben. Beim Thema Ernährung und Abnehmen kommt das sehr gut zum Vorschein. Dadurch kann deine Motivation natürlich sinken. Die gute Nachricht ist, dass es dafür eine sehr gute Lösung gibt: Beginne damit, ein Erfolgstagebuch zu führen. Ein gewöhnliches Notizbuch reicht für die Umsetzung schon aus. Dann kannst du jeden Tag deine kleinen Erfolge aufschreiben.

Tipp Nr.6 - Belohne dich:

Für den persönlichen Erfolg sind Belohnungen immer noch ein sehr effektives Werkzeug. Wenn du ein gewisses Ziel erreicht hast, kannst du dich auch mit gutem Gewissen belohnen. Es sollte in diesem Fall natürlich keine Tafel Schokolade sein. Versuche dich stattdessen mit etwas Anderem zu belohnen, was dir gut tut. Vielleicht ist es ein entspanntes Bad oder ein Film, den du schon immer mal sehen wolltest.

Möglichkeiten gibt es viele. Wir müssen sie nur nutzen! Auch Klamotten wie beispielsweise ein neuer Badeanzug oder Bikini können sehr motivierend sein.

Das waren die 6 wichtigsten Tipps rund um das Thema Sirtuin-Diät. Diese Tipps werden dir dabei helfen, deine Diät besser zu meistern. Die Umsetzung liegt aber schlussendlich bei dir. Du musst den Weg gehen und die notwendigen Schritte in die Praxis umsetzen. Disziplin und Motivation sind hierfür gefragt. Einer der wichtigsten Grundsteine beim Abnehmen und fit werden. So kannst du am Ende auch die Sirtuin-Diät meistern und deine Traumfigur verwirklichen.

Rezepte

Grüne Smoothies zum Frühstück

Grüne Smoothies wurden schon öfter in diesem Buch angesprochen. Das liegt da dran, dass sie alles besitzen, was man für eine gelungene Sirtuin-Diät braucht. In diesem Kapitel haben wir für dich die besten Green Smoothie Rezepte zusammengestellt. Besonders fürs Frühstück sind sie besonders gut geeignet. Sie entgiften nicht nur den Körper, sondern helfen auch beim Schlankwerden.

Spinat Smoothie mit Banane

Portionen: 1 Portion

Arbeitszeit: Vorbereitung: keine
Zubereitung: 5 Minuten

Schwierigkeitsgrad: sehr leicht

Zutaten:

- 2 Bananen
- 100 g Babyspinat
- 100 ml Kokoswasser

Zubereitung:

1. Dieser Smoothie schmeckt nicht nur fantastisch. Er kostet dich nicht mehr als 5 Minuten und ist super simpel herzustellen. Die 2 Bananen werden geschält und dann mit den restlichen Zutaten in den Mixer gegeben. Für 2 bis 3 Minuten fein pürieren und dann in ein passendes Glas geben. Optional können noch Eiswürfel hinzugefügt werden.

Kokos-Spinat-Smoothie

Portionen: 1 Portion

Arbeitszeit: Vorbereitung: keine
Zubereitung: 5 Minuten

Schwierigkeitsgrad: sehr leicht

Zutaten:

- 1 Handvoll Spinat nach Wahl
- 10 g Chia-Samen
- 100 g Kokosnussfleisch
- 200 g Ananas
- 200 ml Kokoswasser

Zubereitung:

1. Die Zubereitung von diesem Kokos-Smoothie ist ebenfalls kinderleicht. Du beginnst damit alle Zutaten in den Standmixer zu geben und für mindestens 3 Minuten fein zu pürieren. Dann kommt der Smoothie in ein passendes Glas. Optional kannst du wie immer noch ein paar Eiswürfel hinzufügen. Besonders gut schmeckt dieser Smoothie übrigens im Sommer!

Spinat-Bananen-Smoothie mit Erdbeeren

Portionen: 1 Portion

Arbeitszeit: Vorbereitung: keine
Zubereitung: 5 Minuten

Schwierigkeitsgrad: sehr leicht

Zutaten:

- 100 g Erdbeeren
- 1 Banane
- 100 g Baby-Spinat
- 3 Datteln
- 10 g Leinsamen
- 400 ml Kokoswasser

Zubereitung:

1. Darf es auch mal etwas mehr sein? Dann ist dieser fruchtige grüne Smoothie genau das richtige für dich. Aus diesen Zutaten lassen sich fast 900 ml Smoothie zaubern. Wenn du nicht alles schaffst, kannst du den Rest einfach im Kühlschrank aufbewahren. Frische Smoothies solltest du trotzdem niemals länger als 1 bis 2 Tage lagern.
2. Die Zubereitung dieses Smoothies ist genauso einfach wie zuvor. Die Datteln solltest du vor dem Mixen, jedoch entkernen. Danach alle Zutaten gemeinsam in den Standmixer geben und für ein paar Minuten pürieren. Den fertigen Smoothie in ein Glas füllen und zum Schluss mit Eiswürfeln schmücken.

Spinat-Kiwi-Smoothie mit Apfel und Chiasamen

Portionen: 1 Portion

Arbeitszeit: Vorbereitung: keine
Zubereitung: 5 Minuten

Schwierigkeitsgrad: sehr leicht

Zutaten:

- 4 mittelgroße Kiwis
- 500 ml Wasser
- 1 kleine Stück Ingwer
- 4 Blatt Salbei

- 100 b Baby-Spinat
- 2 Äpfel

Zubereitung:

1. Dieser Smoothie ist genauso fürs Frühstück wie auch für Zwischendurch geeignet. Zu Beginn solltest du die Kiwis schälen und dann mit den restlichen Zutaten in den Standmixer geben. Für mindestens 3 Minuten zu einem homogenen Brei verarbeiten. Den Smoothie dann in ein passendes Glas füllen und zum Schluss noch optional Eiswürfel dazu geben.

Spinat-Smoothie mit Beeren und Matchapulver

Portionen: 1 Portion

Arbeitszeit: Vorbereitung: keine
Zubereitung: 5 Minuten

Schwierigkeitsgrad: sehr leicht

Zutaten:

- 100 g Baby-Spinat
- Eine Handvoll Erdbeeren
- 40 g Heidelbeeren
- 20 g Brombeeren

- 20 g Himbeeren
- 1 El Matchapulver
- 375 ml Kokoswasser

Zubereitung:

1. Dieser grüne Smoothie ist genau das richtige, wenn man noch verschlafen ist und einen Kick zum Aufwachen braucht. Beeren alle gemeinsam waschen und mit den restlichen Zutaten in den Standmixer geben. Danach für ein paar Minuten zu Püree verarbeiten. Den fertigen Smoothie in ein Glas füllen und optional noch mit Eiswürfel bestücken.

Der grüne Smoothie zum Einschlafen

Portionen: 1 Portion

Arbeitszeit: Vorbereitung: keine
Zubereitung: 5 Minuten

Schwierigkeitsgrad: sehr leicht

Zutaten:

- Eine halbe Banane
- Ein halber Apfel
- 1 El Zitronensaft
- 1 El Honig oder Agavendicksaft

- 200 ml Wasser
- Eine Handvoll Spinat

Zubereitung:

1. Dieser Smoothie eignet sich besonders gut, wenn nach dem richtigen Getränk zum Einschlafen sucht. Den dieser Smoothie fördert auch das Schlafhormon. Die Zubereitung ist genau das Gleiche. Zuerst alle Zutaten gemeinsam in den Mixer geben und für ca. 2 bis 3 Minuten pürieren. Danach den Smoothie in ein passendes Glas füllen. Zum Schluss noch optional Eiswürfel dazu geben. Fertig ist dein grüner Smoothie zum Einschlafen!

Einfache Snacks und Vorspeisen

Der süße Sirt-Snack

Portionen: 1 Portion

Arbeitszeit: Vorbereitung: keine
Zubereitung: 10 Minuten

Schwierigkeitsgrad: leicht

Zutaten:

- 100 g Walnüsse
- Eine kleine Prise Zimt
- 25 g dunkle Schokolade

- 1 El Kurkuma
- 1 El Kakaopulver
- 200 g Datteln nach Wahl
- 1 El Olivenöl

Zubereitung:

1. Am Anfang beginnst du damit, die Schokolade in kleine Stücke zu verarbeiten. Zur Hilfe kannst du dir auch einen Mixstab zur Hand nehmen, um die Schokolade zu einem passenden Püree zu verarbeiten.
2. Die restlichen Zutaten können im Anschluss direkt hinzugefügt und mit zerkleinert werden. Dann kommen 1 bis 2 El Wasser noch mit hinzu und es entsteht eine gleichmäßige Masse. Aus dieser Masse kannst du nun ca. 15 kleine Förmchen basteln. Wie diese Formen aussehen, ist vollkommen dir überlassen. Diese kommen dann in eine Dose, wo sie kalt gestellt werden.
3. Dieser Snack eignet sich besonders gut zum Mitnehmen und liefert gesunde Energie für Zwischendurch. Auf der Arbeit wie auch in der Schule oder Uni können solche Energiekicks genau das richtige für einen sein.

Limabohnendip

Portionen: 1 Portion

Arbeitszeit: Vorbereitung: keine
Zubereitung: 10 Minuten

Schwierigkeitsgrad: leicht

Zutaten:

- Pfeffer
- Salz
- 200 g Limabohnen
- 2 mittelgroße Frühlingszwiebeln
- Eine kleine Prise Chili-Pulver

- 1 mittelgroße Knoblauchzehe
- 1 El Olivenöl
- Saft einer frischen Zitrone

Zubereitung:

1. Zuerst musst du alle Zutaten in eine Schüssel geben und im Anschluss mit einem Mixstab zu einer homogenen Masse verarbeiten. Würzen ist Zwischendurch natürlich erwünscht.
2. Besonders gut lässt sich der Limabohnendip mit frischem Gemüse wie beispielsweise Gurkenscheiben oder Sellerie servieren.

Dattelsnack

Portionen: 1 Portion

Arbeitszeit: Vorbereitung: keine
Zubereitung: 10 Minuten

Schwierigkeitsgrad: leicht

Zutaten:

- Datteln (nach Belieben)
- Mandeln (nach Belieben)
- Kokosraspeln

Zubereitung:

1. Dieses Rezept schmeckt nicht nur fantastisch! Es ist zudem auch sehr einfach und kostet dich nur wenige Minuten.
2. Zu Beginn musst du erstmal alle Datteln entkernen. Falls das bei dir schon der Fall ist, sparst du dir natürlich die Arbeit. Im nächsten Schritt kommen in die entkernten Datteln dann die Mandeln hinein.
3. Zum Schluss kann du noch die Kokosraspeln darauf geben und genießen. Dieser Snack ist ebenfalls sehr gut zum Mitnehmen und genießen gedacht!

Hummus mit Gemüse

Portionen: 1 Portion

Arbeitszeit: Vorbereitung: 5 Minuten
Zubereitung: 10 Minuten

Schwierigkeitsgrad: leicht

Zutaten:

- Pfeffer
- Salz
- 150 g Kichererbsen
- 1-2 El Olivenöl
- 1 Knoblauchzehe
- 1 mittelgroße Zwiebel
- Tahini

- Eine halbe Zitrone
- Eine halbe Gurke
- 1 Stange Paprika
- 1 Möhre
- 1 Stange Sellerie

Zubereitung:

1. Die Herstellung dieses Rezepts ist kinderleicht. Du musst dir also um die Zubereitung selbst so gut wie keine Sorgen machen. Der Saft der Zitrone wird ausgepresst und zur Seite gestellt. Wir kümmern uns zuerst um die Herstellung des Hummus. Dafür brauchst du einen Küchenmixer. Falls die Kichererbsen noch nicht gekocht sind, musst du dich am Vorabend um diesen Schritt noch kümmern.
2. Die Kichererbsen werden gemeinsam mit dem Olivenöl, Salz, Pfeffer und Tahini in den Mixer geben. Knoblauch und Zwiebeln klein hacken und zu dem Küchenmixer hinzugeben. Mit den Gewürzen kannst du so weit gehen wie du möchtest. Da ist alles deinem Geschmack überlassen. Und schon ist der Hummus fertig.
3. Das Gemüse muss nun gewaschen und im Nachhinein getrocknet werden. Dann wird das Gemüse nach Belieben geschält und in feine Scheiben geschnitten. Anrichten kannst du das Gemüse mit dem Hummus auf einem passenden Teller.

Obstspieße mit übergossener Schokolade

Portionen: 1 Portion

Arbeitszeit: Vorbereitung: keine
Zubereitung: 10 Minuten

Schwierigkeitsgrad: leicht

Zutaten:

- 2 Bananen
- 1 Apfel
- Dunkle Schokolade
- Kokosraspeln
- Spieße

Zubereitung:

1. Lust auf etwas Süßes? Dann solltest du dieses Rezept herbei zaubern. Die dunkle Schokolade lässt du in einem Wasserbad zergehen. Die Banane wird geschält und mit dem Apfel in kleine Stücke geschnitten.

2. Als Nächstes kannst du schon damit beginnen die Obststücke auf zu spießen und in die fertige Schokolade zu tunken. Die Kokosraspeln kommen zum Schluss noch mit dazu!

Hauptspeisen

Sirt-Salat mit Lachs

Portionen: 1 Portion

Arbeitszeit: Vorbereitung: 5-10 Minuten
Zubereitung: 10 Minuten

Schwierigkeitsgrad: leicht

Zutaten:

- Pfeffer
- Salz
- 50 g Rucola

- 20 g Walnüsse
- 50 g Avocado
- 30 g Selleriestangen
- Etwas Zitronensaft
- 1 große Dattel
- 15 g rote Zwiebeln
- 10 g Sellerieblätter
- Saft einer Limette
- 10 g Petersilie
- 1 El Olivenöl (kaltgepresst)
- 1 El Kapern
- 40 g Lachs

Zubereitung:

1. Ein Sirt-Salat ist als Mittagsgericht immer gut geeignet. Der Rucola und Chicorée müssen zuerst gut gewaschen und dann in die Salatschüssel gegeben werden. Die Avocado halbieren, entkernen und das Fruchtfleisch herausnehmen. Nun kannst du das Fruchtfleisch in kleine Scheiben schneiden und ebenfalls zu der Salat-Bowl hinzufügen.
2. Für die Selleriestangen gilt das Gleiche. Zuerst waschen, abtrocken und dann im Nachhinein in passende Stücke verarbeiten. Zwiebeln in Ringe schneiden und ebenfalls hinzufügen. Petersilie klein hacken und mit den Kapern zusammen in die Salat-Bowl geben. Dann kommen schon die

Walnüsse hinzu.

3. Wenn du magst kannst du die Dattel zerhacken oder als Ganzes mit dazu geben. Ob du den Lachs so isst oder zuerst anbraten willst, ist ebenfalls dir überlassen. Den Lachs solltest du ebenfalls klein schneiden und dann zur Bowl hinzugeben. Zum Schluss kommt der Saft einer Limette über den Salat und abgerundet wird alles mit Olivenöl, Pfeffer und Salz. Fertig ist dein leckerer Sirt-Salat!

Chili Hähnchenbrust mit Grünkohl

Portionen: 1 Portion

Arbeitszeit: Vorbereitung: 5 Minuten
Zubereitung: 25 Minuten

Schwierigkeitsgrad: mittel

Zutaten:

- Pfeffer
- Salz
- 100 g Tomaten nach Wahl
- 1 kleine Chilischote
- 3 g Petersilie
- Saft einer Limette
- Kapern
- 100 g Hähnchenbrust

- Ein wenig Kurkuma
- 30 g Buchweizen
- Ein kleines Stück Ingwer
- 1 El Olivenöl
- 30 g Grünkohl (alternativ: Brokkoli)
- 20 g rote Zwiebeln

Zubereitung:

1. Lust auf Fleisch? Dann ist dieses Rezept während der Sirtuin-Diät genau das Richtige für dich. Du beginnst damit, den Ofen auf 220 Grad Ober- und Unterhitze vorheizen. Erst dann geht es mit der Zubereitung der restlichen Zutaten weiter. Das Hähnchenfilet wird in feine Scheiben geschnitten und dann von beiden Seiten angebraten, sodass es goldbraun ist. Mit dem Würzen kannst du schon hier beginnen, wenn du magst.
2. In der Zwischenzeit kannst du dich um den Grünkohl kümmern. Der Grünkohl muss gedämpft und dann von beiden Seiten blanchiert werden. Ingwer und rote Zwiebeln klein hacken und dann in einer Pfanne andünsten.
3. Den Buchweizen normal nach Anleitung zubereiten. Alle Zutaten gemeinsam auf einem Teller servieren und zum Schluss nach Lust und Laune würzen.

Asiatischer Wok mit Nudeln

Portionen: 1 Portion

Arbeitszeit: Vorbereitung: 5 Minuten
Zubereitung: 25-30 Minuten

Schwierigkeitsgrad: leicht

Zutaten:

- Pfeffer
- Salz
- 100 g Riesengarnelen
- 1 El Olivenöl
- 1 mittelgroße Knoblauchzehe
- 1 El Sojasoße
- 80 ml Hühnerbrühe

- Wenige Sellerieblätter
- 30 g Grünkohl
- 70 g Buchweizennudeln
- 30 g grüner Sellerie
- Ein bisschen gehackter Ingwer
- 1 Chilischote

Zubereitung:

1. Die Buchweizennudeln kannst du ganz normal mit heißem Wasser zubereiten. In der Zwischenzeit kannst du schon mal den Wok erhitzen. Die Garnelen werden im nächsten Schritt mit 1 El Öl angebraten. Würzen ist zwischendurch natürlich erwünscht. Dann ein wenig Sojasauce hinzufügen und gut umrühren, sodass sich das Aroma gut verbreiten kann.
2. Als nächstes Knoblauch und Zwiebeln klein hacken und zu der Pfanne mit zusätzlich Öl hinzufügen. Ingwer, Chili, Sellerie und das restliche Gemüse kommt auch noch dazu. Alles sollte für ein paar Minuten zum Kochen gebracht werden.
3. Dann ist dein Gericht auch schon servierbereit! Gut würzen zwischendurch nicht vergessen.

Hähnchenbrust

Portionen: 1 Portion

Arbeitszeit: Vorbereitung: 5-10 Minuten
Zubereitung: 10 Minuten

Schwierigkeitsgrad: leicht

Zutaten:

- Pfeffer
- Salz
- 80 g Hähnchenfilet
- 100 g Rucola
- 2 Stangen Sellerie
- Eine halbe Gurke
- 1 Möhre

- Olivenöl
- Petersilie
- Eine kleine Scheibe Vollkornbrot
- Kräuter nach Wahl

Zubereitung:

1. Zu Beginn solltest du das Hähnchenfilet in kleine Stücke schneiden und dann mit etwas Öl in der Pfanne anbraten. Würzen ist an dieser Stelle schon erwünscht.
2. Die restliche Zubereitung von diesem Salat ist recht simpel. Du beginnst damit, den Rucola in der Bowl auszubereiten. Das restliche Gemüse wird gut gewaschen und im Anschluss abgetropft. Dann kann es in kleine Stücke geschnitten und zu dem Salat gegeben werden. Zum Schluss kommen noch die Hähnchenfiletstücke. Verfeinern kannst du das Gericht mit Olivenöl, Pfeffer und Salz.

Puten-Chili auf orientalische Art

Portionen: 1 Portion

Arbeitszeit: Vorbereitung: keine
Zubereitung: 25 Minuten

Schwierigkeitsgrad: leicht

Zutaten:

- Pfeffer
- Salz
- Ein bisschen Koriander
- Ein bisschen Kreuzkümmel
- 200 g Tomaten nach Wahl
- Chiliflocken

- 1 mittelgroße Chilischote (Rot)
- 1 mittelgroße Zwiebel
- 1 mittelgroße Knoblauchzehe
- 1 El Öl
- 200 g Putenhackfleisch
- 120 g Kichererbsen
- 75 ml Gemüsebrühe

Zubereitung:

1. Dieses Rezept eignet sich besonders gut, um deinen Stoffwechsel in den späten Abendstunden so richtig zum Kurbeln zu bringen. So kannst du im Grunde Pfunde im Schlaf verbrennen. Zuerst musst du die Zwiebel und Knoblauch fein hacken. Die Chilischote muss ebenfalls längs geschnitten und dann klein gehackt werden.
2. Als Nächstes kannst du einen Topf mit ein bisschen Öl erhitzen und im Anschluss Knoblauch, Zwiebeln wie auch die Chilischoten darin andünsten. Bei starker Hitze sollte alles für 2 bis 3 Minuten braten. Zwischendurch Salz zum Würzen nutzen.
3. Als Nächstes kannst du die Kichererbsen waschen und danach in einem Sieb abtropfen lassen. Dann kann schon die Brühe, Tomaten, Hackfleisch und auch die Kichererbsen zu dem Topf hinzugefügt werden. Das Chili sollte nun für

mindestens 5 Minuten kochen. Zwischendurch immer wieder mit Curry, Pfeffer und Salz würzen. Danach den Koriander waschen, trocken und klein hacken und ebenfalls zu dem Puten-Curry hinzufügen.

4. Zwischendurch immer wieder mit Pfeffer, Salz und Kreuzkümmel abschmecken. Zum Schluss kommt noch der fettarme Joghurt hinzu. Besonders gut lässt sich dieses Gericht mit Fladenbrot oder Basmatireis servieren, wobei man zu Abendstunden auf Kohlenhydrate verzichten sollte.

Vegane und vegetarische Rezepte

Sirt-Tofu mit Sesam und Gemüse (vegetarisch)

Portionen: 1 Portion

Arbeitszeit: Vorbereitung: 5 Minuten
Zubereitung: 20 Minuten

Schwierigkeitsgrad: leicht

Zutaten:

- Pfeffer
- Salz
- 120 g Tofu
- 1 El Mirin
- 20 g Miso Paste
- 30 g Selleriestangen
- 100 g Zucchini
- 20 g rote Zwiebeln

- 1 Knoblauchzehe
- 30 g Grünkohl
- Etwas Kurkuma
- 30 g Buchweizen

Zubereitung:

1. Bevor du mit der eigentlichen Zubereitung anfängst, musst du den Backofen auf 200 Grad Ober- und Unterhitze aufheizen. Dann kannst du schon das Mirin mit dem Miso in einer Schüssel vermischen, sodass eine homogene Masse entsteht. Tofu solltest du ebenfalls in kleine Stücke schneiden. Die Tofustücke können im Anschluss in der Miso/Mirin-Paste mariniert werden.
2. In der Zwischenzeit wo wir die Tofustücke ziehen lassen, können wir uns um die restlichen Zutaten kümmern. Die Selleriestangen wie das restliche Gemüse solltest du zuerst waschen und dann in passende Scheiben schneiden. Knoblauch klein hacken und die Zwiebel zu feinen Ringen verarbeiten. Chili mit dem Ingwer gemeinsam fein hacken. Dann kannst du schon den Grünkohl zerkleinern und dann blanchieren und dämpfen.
3. Sobald die Tofustücke richtig eingezogen sind, kannst du sie auf einer Auflaufform verteilen und für 15 bis 20 Minuten in den Ofen geben. Die Marinade sollte dabei leicht karamellisiert werden. Die Buchweiten kannst du in dieser Zeit

ganz normal nach Packungsanleitung zubereiten. Olivenöl in eine Pfanne geben und danach Zucchini, Sellerie, Chili, Ingwer, Knoblauch und Zwiebeln darin anbraten.

4. Zu guter Letzt werden alle Zutaten gemeinsam serviert und es kommt noch Gewürz mit hinzu.

Harissa Tofu mit Blumenkohl (vegetarisch)

Portionen: 1 Portion

Arbeitszeit: Vorbereitung: 5 Minuten
Zubereitung: 20 Minuten

Schwierigkeitsgrad: leicht

Zutaten:

- Pfeffer
- Salz
- 50 g Paprika nach Wahl
- Olivenöl
- 1 kleine Stück Chili
- 150 g Tofu
- 150 g Blumenkohl
- Saft einer Limette
- Eine kleine Prise Kreuzkümmel
- 1 Knoblauchzehe
- Etwas Koriander
- 20 g rote Zwiebeln

- 10 g Petersilie
- 10 g getrocknete Tomaten
- Ein kleines Stück Ingwer

Zubereitung:

1. Zu Beginn musst du den Backofen auf 200 Grad Ober- und Unterhitze aufheizen. Dann muss die Paprika gewaschen und in kleine Scheiben geschnitten werden. Chili und Knoblauch werden ebenfalls klein gehackt. Diese Zutaten solltest du schon mal in eine feuerfeste Form bringen und mit Olivenöl übergießen. Kräuter können direkt mit hinzu. Die Mischung sollte dann solange in den Backofen bis die Paprika weich geworden sind.
2. Mit dem Limettensaft gemeinsam können die Zutaten dann in einen Mixer und zu einer homogenen Masse verarbeitet werden. Der Tofu kann auch schon mal zu kleine Stücke verarbeitet werden. Die Auflaufform im Ofen kannst du schon mal mit Harissa bestreuen, der mit dem Tofu gemeinsam für mindestens 15 Minuten in den Ofen muss.
3. In der Zwischenzeit kannst du dich um den Blumenkohl kümmern. Der Blumenkohl soll ebenfalls klein geschnitten werden. In einer Schüssel kommen Chili, Knoblauch, Pfeffer, Salz, Ingwer und Olivenöl zusammen und werden vermischt. Sobald alle Zutaten fertig sind, werden

sie gemeinsam auf dem Teller mit getrockneten Tomaten und Petersilie angerichtet.

Hirse mit Tofu und Gemüse (vegan)

Portionen: 1 Portion

Arbeitszeit: Vorbereitung: keine
Zubereitung: 20 Minuten

Schwierigkeitsgrad: leicht

Zutaten:

- Pfeffer
- Salz
- 60 g Hirse
- Kurkuma
- 1 Knoblauchzehe
- 1 mittelgroße Zwiebel
- 1 Paprika

- 1 Selleriestange
- Olivenöl
- 40 g Tofu

Zubereitung:

1. Bist du Veganer? Dann wird dieses Rezept dich richtig ansprechen. Das Beste ist zudem, dass es dich nicht mehr als 20 Minuten kosten wird. Du beginnst mit der Zubereitung der Hirse. Diese musst du zuerst gut waschen und dann mit Salzwasser aufkochen. Das kostet dich bei der Menge nicht länger als 10 bis maximal 15 Minuten.
2. In der Zwischenzeit kümmern wir uns um den Tofu und das Gemüse. Zwiebeln und Knoblauch fein hacken und dann in der Pfanne andünsten. Nach 1-2 Minuten der Tofustücke dazugeben und alles gut durchbraten. Gemüse klein schneiden und ebenfalls zu der Mischung in der Pfanne geben.
3. Sobald deine Hirse fertig ist, kannst du sie auf einem Teller verteilen und dann den fertigen Tofu und das Gemüse hinzufügen. 1 El Olivenöl über alles geben und zum Schluss noch mit Pfeffer und Salz abschmecken.

Woknudeln mit Kokosmilch auf asiatische Art (vegetarisch)

Portionen: 1 Portion

Arbeitszeit: Vorbereitung: 5-10 Minuten
Zubereitung: 20 Minuten

Schwierigkeitsgrad: leicht

Zutaten:

- Pfeffer
- Salz
- 1 Knoblauchzehe
- Ein sehr kleines Stück Ingwer
- Eine halbe Aubergine

- 60 g Brokkoli
- Etwas Currypulver
- 1 El Sojasauce
- 120 g Tofu
- 65 g Woknudeln
- 10 g Erbsen (TK)
- 60 g Spinat nach Wahl (Frisch)
- Ein halbes Bund Koriander
- 70 ml Kokosmilch
- Eine halbe Paprikaschote nach Wahl

Zubereitung:

1. Lust auf etwas Veganes? Dann ist dieses Rezept genau das richtige für dich! Zuerst musst du den Knoblauch und den Ingwer schälen und dann klein hacken. Der Tofu wird ebenfalls in kleine Stücke geschnitten. Dann die Sojasauce darüber geben und die Tofustücke darin erstmal gut einwirken lassen. Den Ingwer und Currypulver hinzufügen und im Anschluss den Tofu für mindestens 15 Minuten darin ziehen lassen.
2. Während du der Marinade Zeit gibst zu ziehen, kümmerst du dich um den Rest. Die Paprikaschoten, Brokkoli und Aubergine werden gewaschen, getrocknet und im Anschluss zu kleinen Stücken verarbeitet. Dann kannst du den Wok schon mit etwas Öl erhitzen und das fertig geschnittene Gemüse in dem Wok braten. Beim

Braten kannst du das Gemüse schon mit Currypulver und Salz abschmecken. Den Tofu kannst du in der Zwischenzeit schon zu der Pfanne hinzufügen und dich dann dem Spinat widmen.

3. Der Spinat muss gut gewaschen und danach abgetrocknet werden. Koriander waschen, trocken schütteln und in kleine Stücke schneiden. Kokosmilch zu dem Gemüse hinzufügen und dann den klein gehackten Spinat sowie die Erbsen dazu geben. Zum Schluss kommen noch der Koriander und der Tofu mit hinzu. So schnell kann man ein veganes Gericht zubereiten und dazu schmeckt es auch noch fantastisch. Besser geht es nicht!

Pesto-Bowl mit Tofu (vegan)

Portionen: 1 Portion

Arbeitszeit: Vorbereitung: 5 Minuten
Zubereitung: 25 Minuten

Schwierigkeitsgrad: leicht

Zutaten:

- 1 Chilischote
- 40 g Tofu
- Pfeffer
- Salz
- 1 Möhre
- Grünkohl
- 1 Stange Sellerie
- Nudeln
- Champignons nach Belieben
- Eine halbe Knoblauchzehe
- Eine Zwiebel
- 30 g Petersilie

- ¼ El Olivenöl
- ½ El Limettensaft

Zubereitung:

1. Lust auf Pesto und das ganz ohne tierische Produkte? Dann ist dieses Rezept genau das Richtige für dich. Zwiebeln und Knoblauch müssen zuerst klein gehackt werden. Die Nudeln kannst du wie gewohnt nach Anleitung zubereiten. Chilischote ebenfalls klein hacken.
2. Gemüse waschen und danach trocknen. So kannst du es im Anschluss in kleine Stücke schneiden. Champignons waschen und danach im trocknen Zustand wieder in kleine Stücke schneiden. Der Tofu muss ebenfalls zu kleinen Stücken verarbeitet werden.
3. Nun kannst du die Pfanne mit ein wenig Öl erhitzen und Knoblauch und Zwiebeln darin andünsten. Nach ungefähr 3 Minuten kommt dann das geschnittene Gemüse hinzu. Sobald die Champignons in kleine Stücke geschnitten worden, kannst du sie ebenfalls zu der Pfanne dazu geben und gemeinsam mit dem klein geschnittenen Tofu in der Pfanne anbraten. Zwischendurch immer wieder nach Belieben würden. In der Zwischenzeit können wir schon im Mixer Petersilie, Olivenöl, Knoblauch, Zwiebel, Ingwer und Limettensaft zu einer Soße vermischen. Sobald alles fertig ist, kannst du dein

veganes Pesto auf dem Teller anrichten. Zum Schluss die Soße nicht vergessen.

Chili sin carne (vegetarisch)

Portionen: 1 Portion

Arbeitszeit: Vorbereitung: 10 Minuten
Zubereitung: 20 Minuten

Schwierigkeitsgrad: leicht

Zutaten:

- 50 g Basmatireis
- Pfeffer
- Salz
- ½ Tl Kurkuma
- 1 Zucchini
- 1 Karotte
- 1 Paprika

- 1 Dose Kidneybohnen
- Tomatensoße
- Tomatenmark
- Soja

Zubereitung:

1. Dieses Chili nennt sich Chili sin Carne und zwar aus einem ganz bestimmten: Wir verzichten bei diesem Rezept ganz auf Fleisch und andere tierische Produkte. Den Basmatireis kannst du am Anfang normal nach Anleitung zubereiten. Das Soja solltest du schon am Vorabend in Wasser eingelegt haben. So lässt es sich später besser verarbeiten. Falls du das nicht geschafft hast, kannst du das Soja nun für mindestens 20 Minuten im Wasser ruhen lassen. Während der Reis vor sich hin gart, kümmern wir uns um die anderen Zutaten.
2. Das Gemüse muss zuerst gewaschen und getrocknet werden. So kannst du es im Anschluss später schälen und in kleine Stücke schneiden. Würzen zwischendurch ist immer erwünscht! Die Kidneybohnen können nach spätestens 5 Minuten in die Pfanne gegeben werden. Dann kommt Tomatensoße und Tomatenmark hinzu, sodass eine soßenartige Konsistenz entsteht. Zu guter Letzt muss noch das Soja mit hinzu. Die Mischung sollte, jedoch nicht mehr als 10 Minuten vor sich hin kochen. Sobald der Reis

auch fertig ist, kannst du mit dem Servieren beginnen. Zuerst kommt der Reis auf den Teller und dann nach Belieben Chili sin carne. Guten Appetit!

Würziges Wokgemüse auf asiatische Art (vegetarisch)

Portionen: 1 Portion

Arbeitszeit: Vorbereitung: 10 Minuten
Zubereitung: 20 Minuten

Schwierigkeitsgrad: leicht

Zutaten:

- Pfeffer
- Salz
- 150 g Gemüse nach Wahl (Weißkraut, Karotten und Sellerie eignen sich besonders gut)
- ½ El Kokosöl
- 1 Tl Curry-Paste
- 1 Chilischcte
- 1 mittelgrcße Zwiebel
- ⅙ Chinakohl
- Tofu nach Belieben
- Currymischung nach Belieben

Zubereitung:

1. du beginnst damit das gesamte Gemüse zu waschen, zu schälen und dann mit einem passenden Küchenmesser in kleine Stücke zu schneiden. Das Tofu musst du nicht waschen bevor du in kleine Stücke verarbeitest. Wenn du magst, kannst du die Zutaten schon mit ein bisschen Salz und Pfeffer würzen. Zwiebeln klein hacken.
2. Die Pfanne mit ein wenig Öl erhitzen und zuerst die Zwiebeln darin andünsten. Nach ca. 2 Minuten das Gemüse hinzufügen und gut anbraten. Nach wenigen Minuten kommt dann schon das Tofu dazu. Chinakohl kannst du ebenfalls klein schneiden und zu der Pfanne hinzufügen. Currymischung, Pfeffer und Salz zu der Pfanne dazu geben.
3. Besonders gut lässt sich dieses Gericht mit Reis servieren.

Abendessen

Linseneintopf (scharf)

Portionen: 1 Portion

Arbeitszeit: Vorbereitung: keine
Zubereitung: 20 Minuten

Schwierigkeitsgrad: leicht

Zutaten:

- Pfeffer
- Salz
- 1 Knoblauchzehe
- 1 kleine Zwiebel
- 80 g Tofu
- 50 g rote Linsen
- ½ El Öl
- Ein kleines Stück Ingwer
- Eine kleine Chilischote
- Eine halbe Limette
- 180 ml Gemüsebrühe

- ½ Currypulver
- 70 g fettarmer Joghurt

Zubereitung:

1. Mal Lust auf etwas Anderes? Dann ist dieser scharfe Linsentopf genau das richtige für dich! Zuerst musst du Ingwer, Zwiebeln und Knoblauch klein schneiden und dann in der Pfanne mit ein wenig Öl dünsten. Die Linsen kannst du gewohnt nach Anleitung zubereiten und Currypulver hinzufügen. Die Gemüsebrühe sollte dafür mit verwendet werden. So können die Linsen im Topf bei mittlerer Hitze für mindestens 10 Minuten garen.
2. In der Zwischenzeit kümmern wir uns um etwas Anderes. In einer Schüssel wird unser Joghurt rein gegeben. Dann wird der Saft der Zitrone hinzugefügt und die Chilischote läng geschnitten und zu der Mischung hinzugegeben. Nach Belieben mit Pfeffer und Salz würzen.
3. Als Nächstes wird der Tofu in kleine Stücke geschnitten. Die Stücke kannst du dann in der Pfanne für ein paar Minuten anbraten. Im letzten Schritt gibst du die gebratenen Tofustücke dann zu der Linsenmischung hinzu und fängst mit dem Aufwärmen an. Würzen am Ende nicht vergessen.

Würziger Süßkartoffelsalat

Portionen: 1 Portion

Arbeitszeit: Vorbereitung: keine
Zubereitung: 15 Minuten

Schwierigkeitsgrad: leicht

Zutaten:

- Pfeffer
- Salz
- Chilischote
- Kurkuma
- ½ Aubergine
- 200 g Süßkartoffeln
- Ein bisschen Kreuzkümmel
- 1 kleine Zwiebel
- 1 mittelgroße Knoblauchzehe
- 1 El Sesamöl
- Ein wenig Koriander
- 40 g Paprikaschoten
- ½ El Gemüsebrühe

- 25 g Feldsalat
- Ein paar Chiliflocken
- ¼ Tl Senf
- ¼ Tl Apfeldicksaft
- Ein kleines Stück Ingwer

Zubereitung:

1. Dieses Rezept eignet sich zum Abend besonders gut, wenn man ein bisschen mehr will als einen einfachen Salat. Zuerst beginnst du damit die Süßkartoffeln und Auberginen zu putzen und dann in mundgerechte Stücke zu schneiden. Vor allem die Süßkartoffeln solltest du in kleine Stücke schneiden. Zwiebeln und Knoblauch klein hacken.
2. Mit ein bisschen Öl die Pfanne erhitzen und dann den Knoblauch und Zwiebeln darin andünsten. Alles sollte bei mittlerer Hitze gebraten werden. Nach ein paar Minuten können schon die Süßkartoffelstücke und Auberginenscheiben hinzugefügt werden. Diese Stücke sollten ebenfalls für ein paar Minuten gebraten werden. Danach kommt der Koriander und Kreuzkümmel mit hinzu. Die Mischung sollte für mindestens 5 Minuten vor sich hin braten können. Zwischendurch kann mit Pfeffer und Salz gewürzt werden.
3. Sobald die Mischung fertig ist, kannst du die Pfanne auch schon vom Herd nehmen. In der

Zwischenzeit kümmerst du dich darum die Paprikaschoten in mundgerechte Stücke zu verarbeiten. Der Ingwer kann danach ebenfalls geschält und in kleine Stücke geschnitten werden. Die kleinen Ingwerstücke lassen sich im Anschluss mit Öl, Limettensaft, Brühe, Pfeffer, Salz, Chiliflocken, Apfeldicksaft und Senf vermischen. Der Feldsalat sollte danach ebenfalls gewaschen und trocken geschüttelt werden. Sobald alle Zutaten fertig sind, können sie zu einem Salat vermengt verwenden. Dafür einfach eine passende Salatschüssel verwenden. Würzen am Ende nicht vergessen!

Rohkost mit Salat

Portionen: 1 Portion

Arbeitszeit: Vorbereitung: keine
Zubereitung: 20 Minuten

Schwierigkeitsgrad: sehr leicht

Zutaten:

- Pfeffer
- Salz
- 100 g Rotkohl
- ½ Tl Honig
- ½ Tl Senf
- ½ El Orangensaft
- 10 g Walnusskerne
- Ein bisschen Kurkuma
- 75 g Kichererbsen
- Eine halbe Blutorange
- 50 g Baby-Spinat
- 100 g Paprikaschote nach Wahl

Zubereitung:

1. Dieses Rezept eignet sich besonders gut, wenn man nicht allzu viel Hunger hat. Nicht immer muss es direkt eine schwere Mahlzeit sein. Zu Beginn musst du Rotkohl waschen und dann zu kleinen Stücken hobeln. Die Paprikaschote kannst du halbieren und dann in kleine Stücke schneiden. Dann kannst du schon die Kichererbsen waschen und abtropfen. In der Zwischenzeit kannst du dich schon um etwas anderes kümmern.
2. Im nächsten Schritt werden die Walnüsse in der Pfanne angebraten. Fett braucht es dafür nicht. Als Nächstes kannst du die Blutorange schälen und in kleine Scheiben schneiden.
3. Im nächsten Schritt können wir uns schon um das Dressing kümmern. Hierfür musst du lediglich Wasser mit Orangensaft, Senf, Honig und ein bisschen Kurkuma vermischen. Zum Schluss wird das Dressing mit ein wenig Pfeffer und Salz abgeschmeckt.
4. Im vierten und letzten Schritt müssen wir den Spinat waschen und danach trocken schütteln. So können zum Schluss alle Zutaten gemeinsam auf einem Teller platziert werden. Am Ende kommt noch das Dressing über alles und fertig ist deine Abendspeise!

Brokkolisuppe

Portionen: 1 Portion

Arbeitszeit: Vorbereitung: keine
Zubereitung: 15 Minuten

Schwierigkeitsgrad: sehr leicht

Zutaten:

- Pfeffer
- Salz
- 200 g Brokkoli
- 2 Kartoffeln
- Chiliflocken
- 1 mittelgroße Knoblauchzehe

- 1 Zwiebel
- 200 ml Gemüsebrühe
- Kräuter nach Belieben

Zubereitung:

1. Dieses Rezept ist nicht nur binnen weniger Minuten fertig gestellt, sondern eignet sich auch sehr gut für ein leichtes Abendmahl. Zwiebeln und Knoblauch klein hacken und dann in der Pfanne andünsten. Brokkoli und Kartoffeln klein schneiden und dann gemeinsam mit der Gemüsebrühe köcheln lassen. Würzen ist natürlich zwischendurch erwünscht!
2. Danach kannst du auch schon alles mit Hilfe eines Mixstabes zu einer cremigen Konsistenz vermengen. Falls dir die Suppe noch zu dickflüssig sein sollte, kannst du auch ein wenig Wasser hinzufügen. Am Ende solltest du nicht vergessen alles mit Pfeffer Salz und Kräutern nach Wahl abzuschmecken. Fertig ist deine leckere Brokkoli-Suppe. Habe ich nicht am Anfang gesagt, dass sich diese Suppe ganz einfach zubereiten lässt?

Schlusswort

Wow! Du hast es schon bis zum Ende geschafft. Herzlichen Glückwunsch dafür! Du weißt mittlerweile nicht nur, was die Sirtuin-Diät ist, sondern kennst die verschiedenen Eigenschaften und kannst die Diät für dich in die Praxis umsetzen. Für dich persönlich ist es keine Trend-Diät ,die einfach nur in deinem Kopf herumschwirrt. Du hast die notwendigen Informationen, um sofort durchzustarten.

Die Sirtuin-Diät ist erfolgreich, wenn wir sie richtig anwenden. Sie kurbelt nicht nur unseren Stoffwechsel an, sondern stärkt auch unser Immunsystem. Du wirst dadurch nicht nur deine Pfunde zum Schmelzen bringen, sondern wirst dich auch fitter und gesünder fühlen. Zudem stehen dir dutzende Rezepte zur Verfügung, mit denen du dir auch problemlos einen Ernährungsplan erstellen kannst. Jetzt liegt es an dir: Setzt du das Wissen auch tatsächlich in die Tat um oder bleiben es bei dir nur leere Phrasen? Der nächste Sommer kommt schon bald. Also ist es besser jetzt anzufangen als nie! Du wirst dir selbst danken, diesen Schritt gewagt zu haben.

Wir hoffen, wir konnten dir mit diesem Buch viele Antworten auf deine Fragen geben und vor allem auch eine große Auswahl an leckeren Sirtuin Rezepten.

Jedes Rezept ist natürlich variabel und durch andere sirtuinreichen Lebensmittel ersetzbar. Diese Gerichte sind unsere persönlichen Lieblingsgerichte. Deshalb wollten wir dir diese auch keinesfalls vorenthalten. Wenn du möchtest, kannst du sofort damit beginnen, Sirtfood in deinen Alltag zu integrieren.

Es ist sehr wichtig ist, auf eine gesunde und ausgewogene Ernährung zu achten. Solltest du dir einmal unsicher sein, so kannst du selbstverständlich einen Arzt zu Rate ziehen und mit diesem über eine Ernährungsumstellung sprechen. Sofern du aber ein vollkommen gesunder Mensch bist, wird dir die Sirtuin-Diät gut tun und dir ein besseres, schöneres und glücklicheres Leben bescheren.

Wir wünschen dir gutes Gelingen beim Ausprobieren und alles Gute!

Liebe Leserin, lieber Leser!

Wir sind nun am Ende des Buches angelangt und wir möchten uns nochmals sehr herzlich dafür bedanken, dass du dich für dieses Buch entschieden hast.

Wir haben diesem Buch bewusst nicht zu jedem Rezept Fotos hinzugefügt, da wir die Kosten für dich möglichst gering halten möchten. Außerdem ist es uns ein Anliegen, unsere Leser stets in unsere Bücher miteinzubeziehen. Deswegen würden wir uns freuen, wenn du uns Fotos zusendest, sobald du Rezepte aus diesem Buch ausprobierst. Genauso freuen wir uns aber auch darüber, wenn du uns deine persönlichen Lieblings-Sirtfood-Rezepte per E-Mail mitteilst. Nächstes Jahr wird eine 2. Auflage dieses Buches erscheinen und du kannst ein Teil davon sein. Wir können dich gerne namentlich nennen. Möchtest du hingegen lieber anonym bleiben, ist dies natürlich auch kein Problem. Wir freuen uns auf alle Fälle über jegliche Mitwirkung und die Gestaltung eines gemeinsamen Buches.

Solltest du somit Interesse haben, ebenfalls Teil der 2. Auflage zu sein, schreib uns doch gerne eine **E-Mail** an gaumenfreunde@gmx.at.

Zum Schluss wenden wir uns noch mit einer kleinen Bitte an dich: Wenn dir dieses Buch gefallen hat, dann hinterlass uns doch bitte eine positive Rezension. Dies ist für uns wahnsinnig motivierendes Feedback und kann auch anderen Personen weiterhelfen.

Hier gelangst du direkt zum Bewerten:

https://amzn.to/2Y6yfJJ

In diesem Sinne bedanken wir uns nochmals ganz herzlich und wünschen dir alles Gute sowie viel Freude beim Nachkochen!

Die kulinarischen Gaumenfreunde!

Solltest du dich außerdem für weitere Rezepte interessieren oder möchtest du einfach nur einige unserer unzähligen Fotos sehen, so kannst du dies gerne auf unserer Homepage oder auf unserer Facebookseite machen, auf welcher wir dir auch wöchentlich neue Tipps rund um´s Kochen geben. Hier kannst du dich gerne auch mit Gleichgesinnten austauschen. Wir freuen uns auf deine Nachricht und regen Austausch.

Schau dazu einfach auf unserer **Homepage** vorbei:

https://kulinarischegaumenfreunde.wordpress.com/

Auf **Facebook** findest du uns unter („Die kulinarischen Gaumenfreunde“):

https://www.facebook.com/Die-kulinarischen-Gaumenfreunde-107227403976472/

Wenn du Wünsche, Anregungen, Verbesserungsvorschläge oder einfach nur Fragen hast, kannst du dich – wie bereits erwähnt – jederzeit gerne per **E-Mail** an uns wenden. Unsere E-Mail Adresse lautet: gaumenfreunde@gmx.at und wir stehen dir gern für jegliche Fragen zur Verfügung.

Weitere Bücher der Autoren

Grillen leicht gemacht: Das große Grillbuch mit den 125 besten BBQ Rezepten!

In diesem Grillbuch erhalten Sie über 125 leckere Rezepte, die sowohl die größten Fleischtiger als auch Vegetarier und Veganer begeistern werden. In diesem Kochbuch finden Sie Rezepte für die ganze Familie – hier ist garantiert für jeden Geschmack das Richtige dabei!

Link zum Buch:

https://amzn.to/2kI6mZf

Vegetarisch und vegan Grillen leicht gemacht: Das große Grillbuch mit den 70 besten BBQ Rezepten!

In diesem Kochbuch werden Ihnen über 70 fleischlose Rezepte, aber auch Grundlagen zur veganen und vegetarischen Ernährung mit auf den Weg gegeben. Es enthält sowohl Klassiker, wie vegane Burger oder Sojasteaks, aber auch außergewöhnliche Rezepte, wie etwa Quesadillas mit Guacamole und rote Bete mit Schafkäse.

Link zum Buch:

https://amzn.to/2l3X2zi

Skyr Rezepte: Das große Kochbuch mit den besten Skyr Rezepten!

Hier warten über 70 köstlich Skyr Rezepte auf Sie! Durch das eiweißreiche, kalorienarme Milchprodukt schmelzen die Pfunde nur so dahin – und das ohne hungern zu müssen. Das geheimnisvolle Superfood ermöglicht es Ihnen, effektiv und ohne Heißhungerattacken abzunehmen.

Link zum Buch:

https://amzn.to/2nkDc3L

Haftungsausschluss

Die Umsetzung aller enthaltenen Informationen, Anleitungen und Strategien dieses Buchs erfolgt auf eigenes Risiko. Für etwaige Schäden jeglicher Art kann der Autor aus keinem Rechtsgrund eine Haftung übernehmen. Für Schäden materieller oder ideeller Art, die durch die Nutzung oder Nichtnutzung der Informationen bzw. Durch die Nutzung fehlerhafter und/oder unvollständiger Informationen verursacht wurden, sind Haftungsansprüche gegen den Autor grundsätzlich ausgeschlossen. Ausgeschlossen sind daher auch jegliche Rechts- und Schadensersatzansprüche. Dieses Werk wurde mit größter Sorgfalt nach bestem Wissen und Gewissen erarbeitet und niedergeschrieben. Für die Aktualität, Vollständigkeit und Qualität der Informationen übernimmt der Autor jedoch keinerlei Gewähr. Auch können Druckfehler und Falschinformationen nicht vollständig ausgeschlossen werden. Die Bilder stammen von der Homepage www.pixabay.com und es handelt sich um lizenzfreie Fotos. Für fehlerhafte Angaben vom Autor kann keine juristische Verantwortung sowie Haftung in irgendeiner Form übernommen werden.

Urheberrecht

Impressum

2019

1. Auflage

Kontakt: Belinda Derflinger, Auergütlweg 10, 4030 Linz, Österreich

Printed in Poland
by Amazon Fulfillment
Poland Sp. z o.o., Wrocław

53324058R00063